ハニーレモン
ゴーゴートマゴ
ベイマックス
ヒロ
フレッド
ワサビ

Disney

LES NOUVEAUX HÉROS

ビッグ・ヒーロー6

LE GUIDE OFFICIEL

DigiChan
CAMERAS

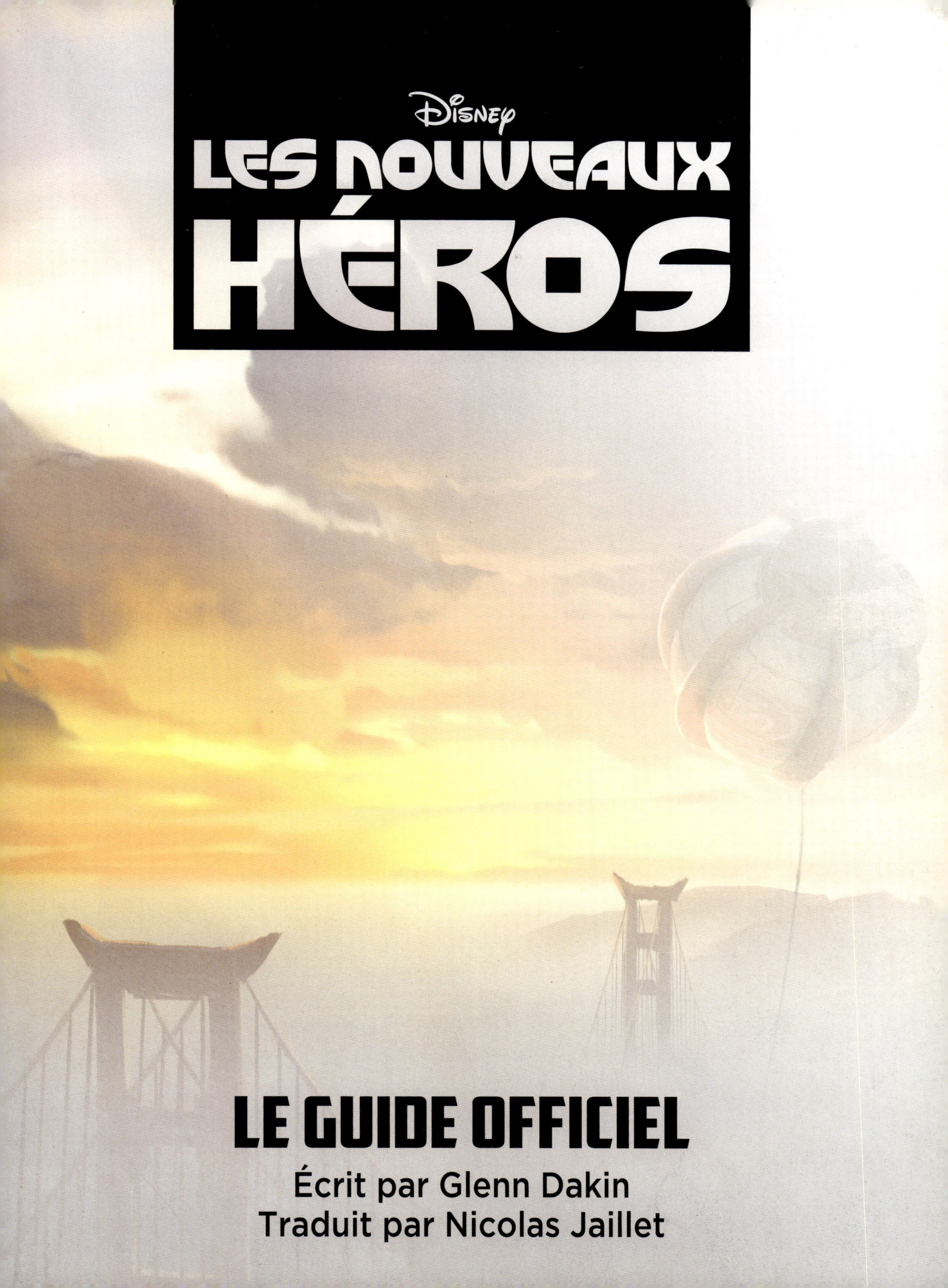

Disney

LES NOUVEAUX HÉROS

LE GUIDE OFFICIEL

Écrit par Glenn Dakin

Traduit par Nicolas Jaillet

SOMMAIRE

INTRODUCTION

Bienvenue à San Fransokyo ! Dans cette ville de geeks pleine de gadgets délirants, il y a un garçon dont le génie dépasse tous les autres. Sauf qu'il ne s'en est pas encore rendu compte. Pourtant, Hiro Hamada, du haut de ses quatorze ans, est un magicien de la robotique qui pourrait changer le cours de l'Histoire... s'il arrêtait de faire le pitre !

Les amis de Hiro comptent parmi les nerds les plus cool de la Terre : Honey, Wasabi et Go Go sont les étoiles montantes de l'Université de Technologie de San Fransokyo, où Hiro rêve de travailler plus tard. Et puis, il y a Fred. Mais Fred... mieux vaut ne pas en parler.

Il se peut qu'un jour, les rêves de grandeur de Hiro se réalisent. Mais il va devoir affronter un pari fou, une épouvantable crapule et un étrange mystère qui le propulsera très haut au-dessus des rues de sa ville. Ah, et il deviendra aussi le meilleur ami d'un robot géant. Entre dans le monde de Hiro, et fais place aux Nouveaux Héros !

ヒロ
ベイマックス

SAN FRANSOKYO

Les gratte-ciel étincelants surplombent les trottoirs bondés et les ruelles obscures de cette cité où l'ancien et le nouveau se mélangent à l'infini. Ici, science et technologie règnent en maîtres. Si tu as une imagination débordante et une détermination solide, tu pourras devenir un héros.

L'Est et l'Ouest
Les maisons orientales et les bars à sushis côtoient vendeurs de hot-dogs et gratte-ciel. La parfaite osmose entre ces deux univers fait de cette mégalopole un lieu de vie passionnant.

LE SAIS-TU ?

San Fransokyo est conçu pour résister aux tremblements de terre. Même ses gratte-ciel peuvent survivre aux glissements de terrain et aux vibrations.

LA CITÉ DES INVENTIONS

Des néons animés fascinent le regard. Des machines publicitaires surgissent à tous les coins de rue. San Fransokyo est un paradis pour les inventeurs. Ici, pas de guerre des gangs : les criminels règlent leurs comptes lors de combats de robots.

La Perle du Pacifique

Avec ses lueurs étincelantes, San Fransokyo brille comme un diamant sur les eaux de la baie. Métropole multiculturelle, elle est l'endroit où se rejoignent l'Est et l'Ouest. Dans cette ville riche, l'art va de pair avec la technologie.

HIRO

Voici Hiro Hamada, le cerveau le plus ingénieux de San Fransokyo, mais ne le lui dites pas ! Hiro adore imaginer et construire des robots, surtout des robots de combat. Il pourrait mettre son génie au service de l'humanité, mais il faudrait qu'il abandonne l'univers des combats de robots.

Un grand frère en or !
Tadashi, le grand frère de Hiro, a toujours été là pour l'aider. Il l'encourage à développer ses idées, même les plus folles, et fait ce qu'il peut pour lui éviter les ennuis.

Combat de robots

Deux robots entrent dans l'arène, un seul en sort ! Hiro est un spécialiste des combats de rue. Il défie M. Yama, le champion en titre, et le terrasse en quelques secondes !

Doigts fins et agiles pour les manipulations délicates.

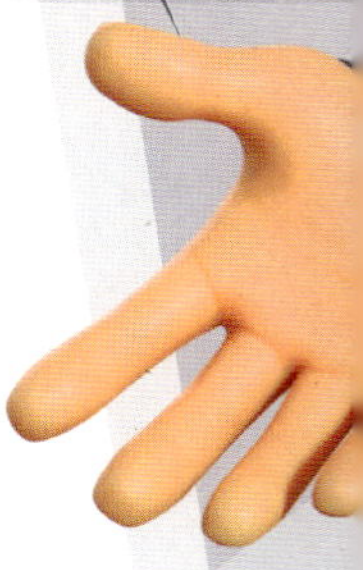

« SI JE NE SUIS PAS ADMIS DANS CETTE ÉCOLE DE DINGUE, JE VAIS DEVENIR FOU ! »

La planque de Hiro
Avec son garage, cette chambre est l'endroit qui a vu naître les plus belles idées de Hiro. Ses étagères témoignent d'une passion très ancienne pour les robots, même sous forme de jouets.

LE PARADIS DES NERDS

Lorsque Tadashi emmène Hiro à son labo, à l'Université de Technologie de San Fransokyo, son petit frère fait la rencontre de son héros à lui : le professeur Callaghan, auteur des célèbres *Lois Callaghan de la robotique*. Depuis, Hiro ne rêve que d'une chose : aller à l'Université !

LE SAIS-TU ?

Mega-robot, le robot de combat de Hiro, a une botte secrète : ses membres sont réunis par des champs magnétiques. Ainsi, il peut se reconstruire tout seul !

TADASHI

Sympa, attentif, toujours disponible, Tadashi est le meilleur grand frère dont Hiro pouvait rêver. Il lui donne toujours de bons conseils, et même quand Hiro ne les suit pas, ce qui est souvent le cas, il est toujours là pour aider son petit frère à se tirer d'affaire.

LE SAIS-TU ?

Tadashi a truffé de balises GPS tous les sweat-shirts de Hiro. Ainsi, il peut toujours retrouver son petit frère.

Une bande à trois

Trois, c'est le nombre magique, pour la micro-famille Tadashi. Tante Cassie s'occupe de ses deux neveux, qui lui apportent beaucoup de joie en retour !

À rude épreuve

Bien qu'ils soient très proches, les deux frères adorent se bagarrer. Les séances d'arts martiaux sont là pour rappeler à Hiro que Tadashi est toujours le meilleur !

Un ami courageux

Sous ses airs de garçon sensible, Tadashi cache un cœur valeureux. Il n'hésite pas à porter secours à ceux qui sont en danger, quel qu'en soit le prix !

« JE NE TE LAISSERAI JAMAIS TOMBER ! »

CHANGER LE MONDE

Ne vous laissez pas influencer par son apparence décontractée. Tadashi est un garçon déterminé qui travaille d'arrache-pied pour améliorer Baymax : un assistant de santé personnel qu'il a inventé. Il est habité par l'idée que la science doit servir à libérer les êtres humains de la souffrance et investit toute son énergie dans ce projet. Plus que tout au monde, Tadashi veut que Baymax rende service à l'humanité.

TANTE CASSIE

Pour la tante de Hiro, la famille passe avant tout ! Elle les a élevés, son frère et lui, depuis qu'ils sont tout-petits. Depuis son café, elle guette leurs allées et venues, et tient ses clients au courant de tous leurs exploits !

Le Lucky Cat Café

En cuisinière accomplie, Cassie s'est forgée une solide réputation, dans son café. Elle sait aussi faire preuve d'imagination et organise des événements pour attirer sans cesse de nouveaux clients.

LE SAIS-TU ?

Cassie a un faible pour la poésie. Elle organise des lectures de poèmes dans son café.

Je vous présente Mochi !

Mochi, le chat de Cassie, adore attirer l'attention des clients. Il y a parfois de petits accidents, quand Hiro et Tadashi lui font tester leurs nouvelles inventions !

« J'ADORE MA FAMILLE ! »

Il n'y en a pas deux comme elle
Les réalisations de ses neveux la comblent de fierté. Elle rêve de les voir étudier ensemble à l'Université.

LE SECRET DU SUCCÈS

Tante Cassie a laissé à Hiro et Tadashi assez de place dans son garage pour construire un laboratoire. Elle les nourrit avec des aliments qui stimulent le cerveau et reste attentive à leurs problèmes. Elle est leur plus grande fan !

LE LUCKY CAT CAFÉ

Le café de tante Cassie est l'une de ses plus grandes fiertés. C'est un endroit agréable, où jeunes et moins jeunes aiment se retrouver. Il tient son nom de la célèbre statuette du chat qui porte-bonheur et vous salue avec sa patte.

UNE DEUXIÈME MAISON

Hiro et ses amis sont toujours les bienvenus au café. Ils y trouvent un accueil chaleureux. Mais il n'y a pas que des adolescents, parmi les habitués. On y rencontre aussi Mme Matsuda, une dame de 80 ans qui porte toujours des tenues loufoques !

LE SAIS-TU ?

Le plat préféré des garçons, dans le café de tante Cassie, c'est son célèbre poulet à la « sauce épicée qui paralyse les lèvres ».

Cette porte mène à l'appartement, au premier étage.

Table idéale pour les confidences.

Le menu de tante Cassie

Tante Cassie aime autant les nourritures saines que les sucreries. Une de ses spécialités : le *Yakishoba*, un hot-dog aux nouilles sautées.

L'UNIVERSITÉ DE TECHNOLOGIE

Tous les bacheliers en science de la ville rêvent d'intégrer l'Université de Technologie de San Fransokyo (UTSF). Son architecture futuriste attire l'attention, mais le jardin où il se situe est le fruit d'une tradition centenaire. Les jardins cachent de paisibles étangs, avec leurs petits ponts de bois japonais.

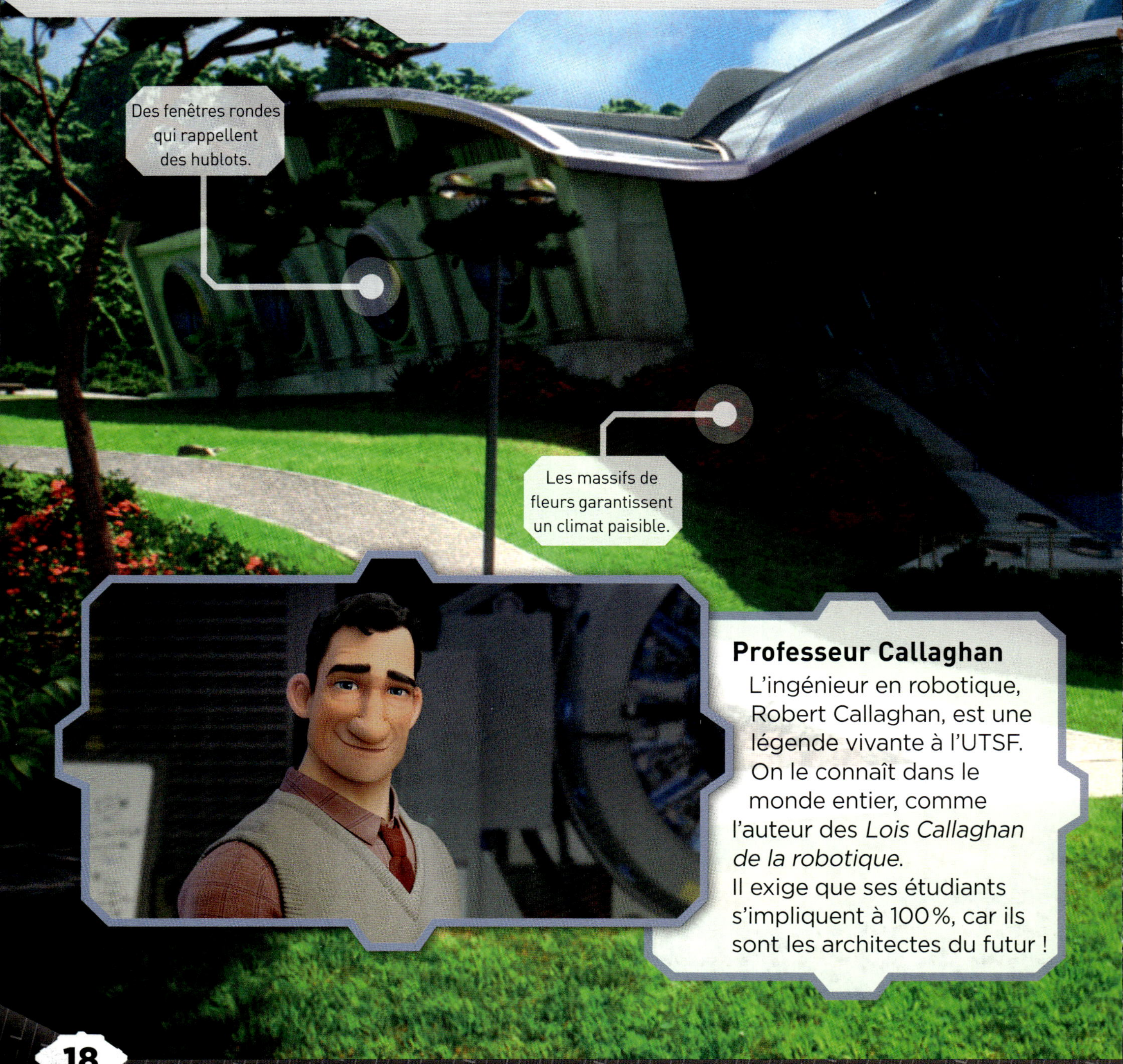

Professeur Callaghan

L'ingénieur en robotique, Robert Callaghan, est une légende vivante à l'UTSF. On le connaît dans le monde entier, comme l'auteur des *Lois Callaghan de la robotique*.
Il exige que ses étudiants s'impliquent à 100 %, car ils sont les architectes du futur !

LE SAIS-TU ?

À l'UTSF, le génie est pris en compte, quel que soit l'âge. Malgré sa jeunesse, Hiro est invité à l'intégrer, dès que Callaghan voit son robot de combat à l'œuvre.

LE LABO DE ROBOTIQUE

Les trois étages de ce bâtiment sont aménagés en laboratoires ultra-modernes et en salles de réunion conviviales pour échanger des idées. Les vitres laissent passer ce qu'il faut de lumière naturelle et les panneaux solaires produisent toute l'électricité nécessaire.

BAYMAX

Baymax est un assistant de santé personnel. Il peut scanner les humains, faire un diagnostique, et fournir un traitement adapté. Mais son créateur, Tadashi, sait que les souffrances peuvent aussi être morales. Baymax est donc capable de résoudre d'autres types de problèmes.

LE SAIS-TU ?

Baymax a besoin de se recharger régulièrement, sinon, il commence à se dégonfler. Il s'exprime alors moins clairement, et ralentit.

TOUJOURS ATTENTIF

Baymax a en mémoire plus de 10 000 procédures médicales. La moindre plainte produite par un humain déclenche sa mise en route, et il ne s'arrêtera pas de soigner son patient avant que celui-ci n'ait exprimé clairement sa satisfaction.

« BONJOUR, JE M'APPELLE BAYMAX. JE SUIS LÀ POUR TE SOIGNER. »

Doux, mais fort

Sous sa structure gonflable, Baymax a un squelette en fibre de carbone, pratiquement incassable. Ses puissants moteurs lui fournissent une force considérable.

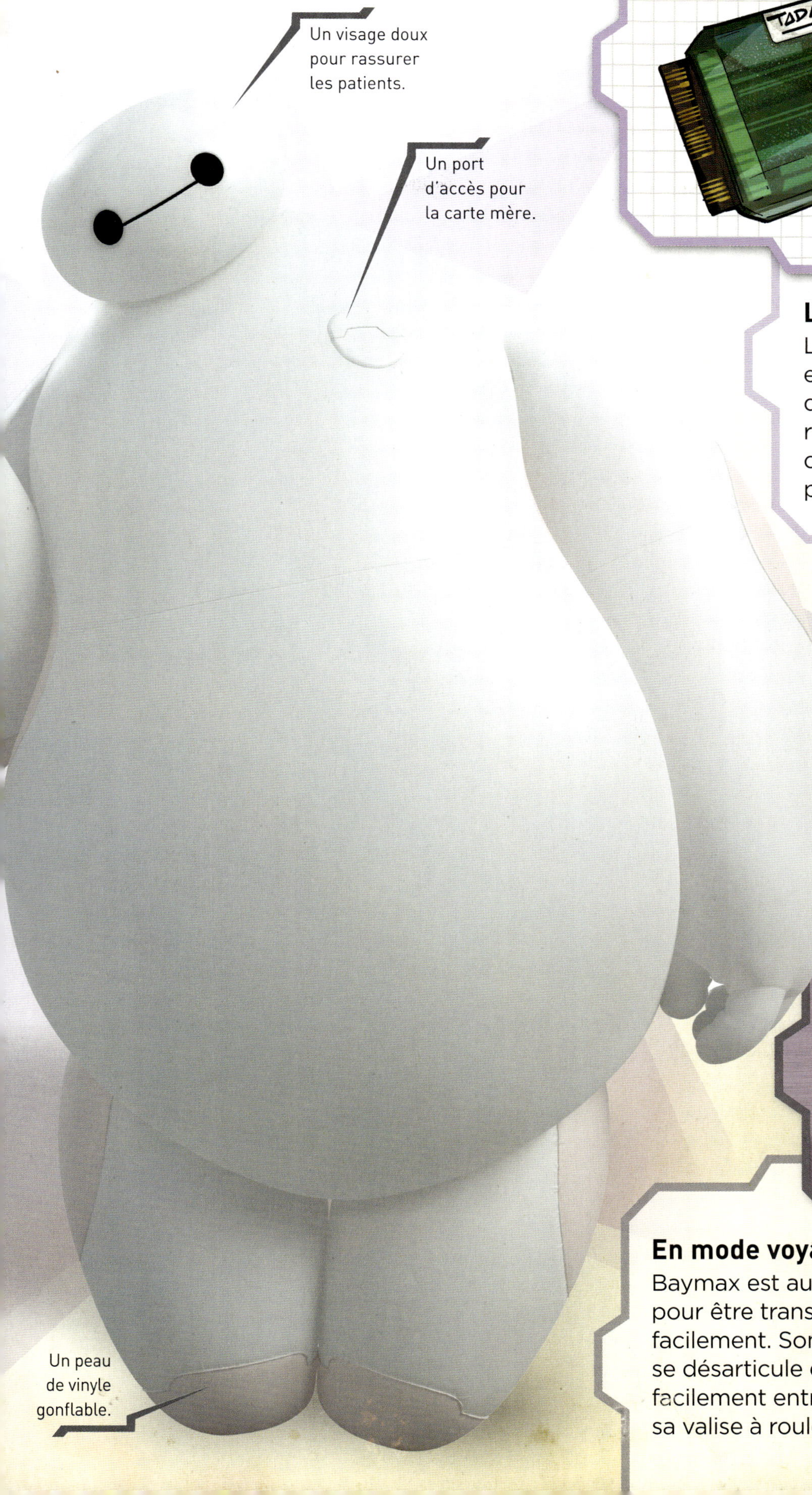

La carte mère
Les fonctions et le comportement de Baymax sont régis par une carte, confectionnée par Tadashi.

En mode voyage
Baymax est aussi prévu pour être transporté facilement. Son squelette se désarticule et il peut facilement entrer dans sa valise à roulettes.

UNE TECHNOLOGIE RÉVOLUTIONNAIRE

À l'abri des regards, sous sa peau de vinyle, le corps de Baymax est une œuvre technologique très novatrice. Tadashi a utilisé des matériaux high-tech et des composants informatiques.

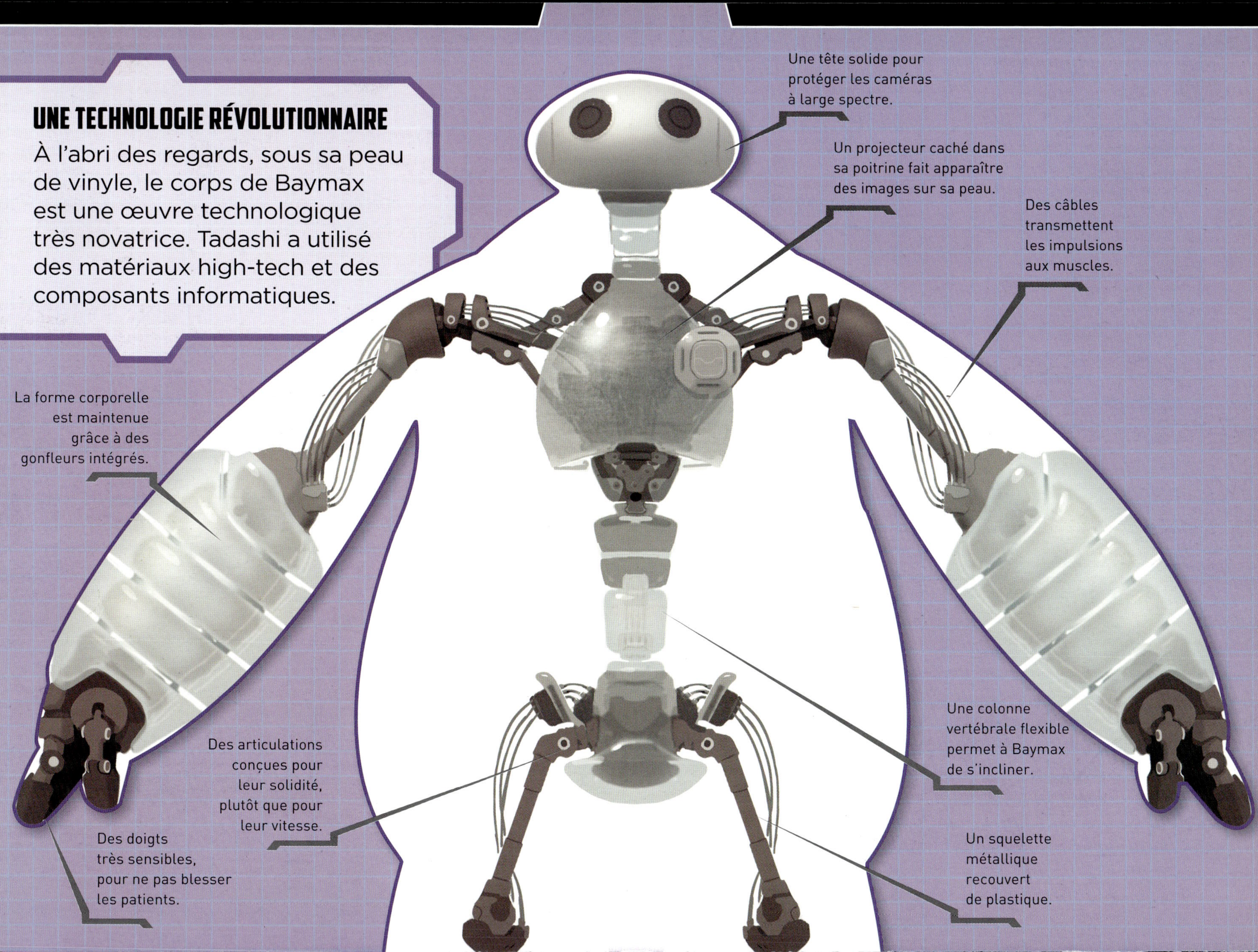

Réparations d'urgence
Baymax est programmé pour se réparer lui-même en cas d'incident. Quand sa peau est percée, il se sert de bande adhésive.

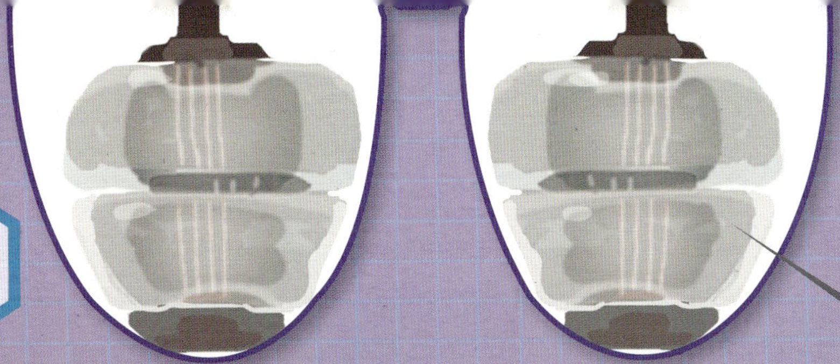

LE CORPS DE BAYMAX

À première vue, la silhouette de Baymax n'est pas vraiment à la pointe du design futuriste. Mais ce qui compte, c'est ce qui est à l'intérieur. Sa force réside dans son squelette, à la fois souple et solide, et son cerveau d'une puissance révolutionnaire.

Volumes variables
Être doux, tendre et gonflable est un atout pour un assistant de santé personnel. Baymax peut se dégonfler et se regonfler à volonté pour s'infiltrer dans des passages étroits.

GO GO

Go Go met son remarquable talent de mécanicienne au service de sa passion dévorante pour la vitesse. Elle adore construire des motos à suspension électromagnétique auxquelles elle donne des formes aérodynamiques.

La bande de Tadashi
Malgré son esprit indépendant, Go Go est un membre à part entière de la bande des copains de Tadashi. Elle apporte un côté cool et original de franc-tireur.

UNE DISCRÉTION CALCULÉE

Go Go n'est peut-être pas la fille la plus bavarde du quartier, mais quand elle se décide à parler, on l'écoute. Elle a des idées tranchées sur tout. C'est un peu énervant, mais ses amis suivent souvent son instinct.

WASABI

Nerd, génie de la physique, prince du swag, Wasabi est un garçon dont le sens de l'organisation touche à la névrose. Mais il soutiendra ses copains jusqu'au bout. Il est même prêt à leur fournir des caleçons propres et des pastilles à la menthe si besoin.

Chaque chose à sa place

Wasabi tient à garder son espace de travail en ordre. Il a même tracé des lignes sur son bureau pour marquer la place exacte de chacun de ses outils.

LE ROI DU CAMPUS

À l'Université de Technologie, Wasabi est célèbre pour son corps d'athlète et sa forte personnalité. Ses lasers sont tellement puissants que ses camarades le croient capable d'inventer n'importe quoi.

LEMON

Lemon est une incorrigible optimiste. Dans les situations les plus dramatiques, elle continue de voir le verre à moitié plein ! Selon Hiro, c'est l'être le plus joyeux de la Terre, et chaque fois qu'il a le cafard, c'est elle qui le comprend le mieux.

Une magicienne de la chimie

Chimiste de génie, Lemon est capable d'inventer toutes sortes de produits étonnants. Comme, cette espèce de glu rose qui réduit en poussière les métaux les plus solides.

PENSÉE POSITIVE

La philosophie de Lemon ? Elle aime la vie et voit de la magie en chaque chose. Elle adore prendre des selfies, elle remonte le moral de ses amis, et se passionne pour ce qu'elle fait. Elle a aussi un goût surprenant pour les situations dangereuses.

FRED

Fred n'est pas un dingue des sciences. C'est juste qu'il adore traîner avec des dingues des sciences. Il rêve de devenir un super-héros. Et, comme les super-héros, il mène une double vie...

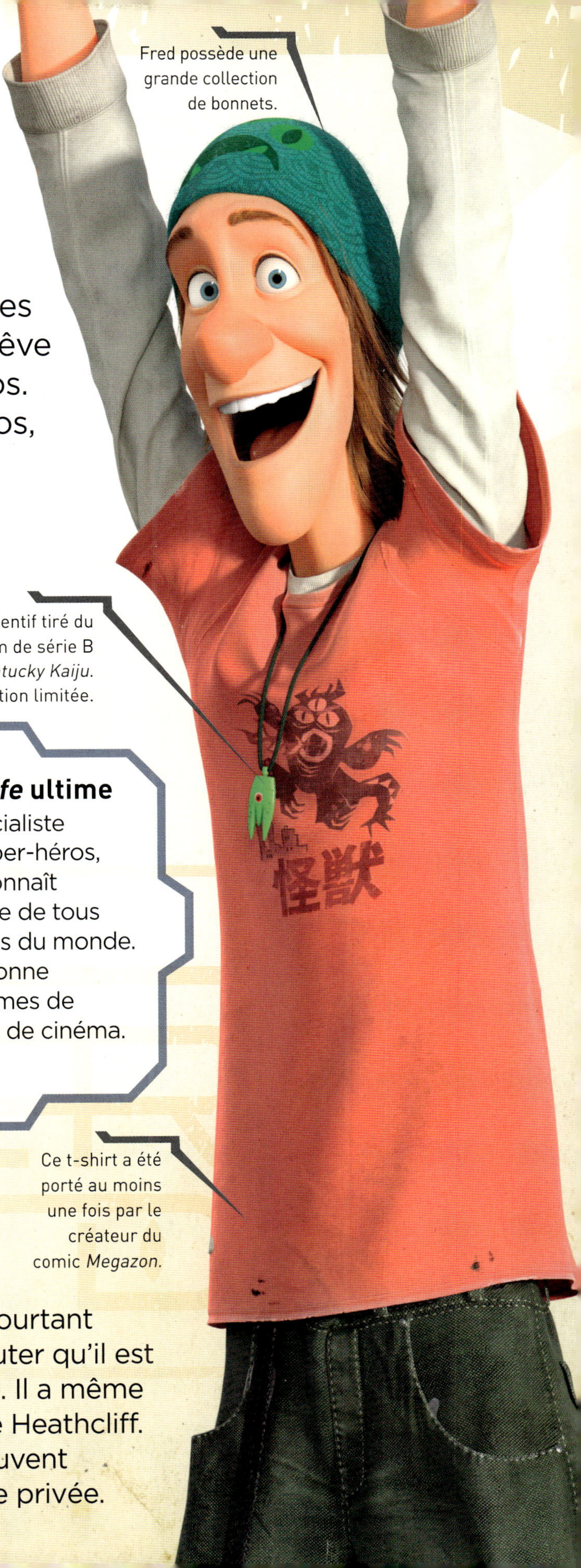

Fred possède une grande collection de bonnets.

Pendentif tiré du film de série B *Kentucky Kaiju*. Édition limitée.

Ce t-shirt a été porté au moins une fois par le créateur du comic *Megazon*.

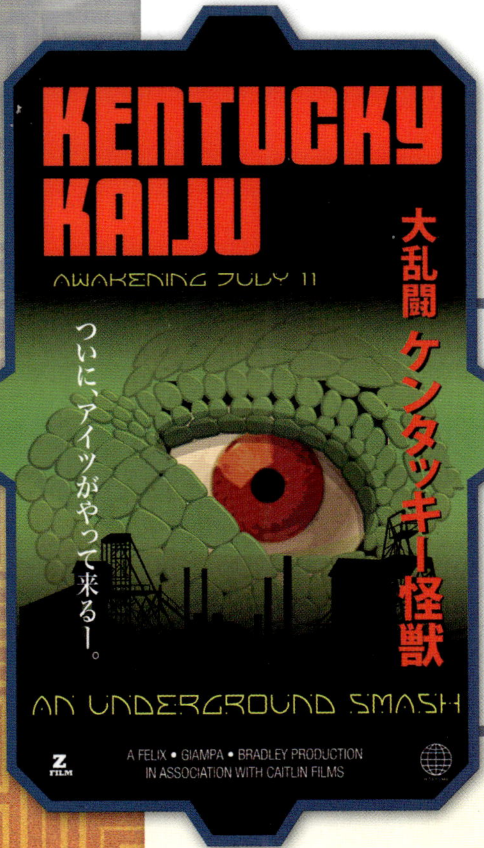

Le *no-life* ultime

En spécialiste des super-héros, Fred connaît l'intrigue de tous les comics du monde. Il collectionne les costumes de monstres de cinéma.

CLOCHARD CÉLESTE

Avec son look, Fred a l'air de dormir sous les ponts. Pourtant ses amis sont loin de se douter qu'il est issu d'une famille richissime. Il a même un majordome qui s'appelle Heathcliff. Ses parents partent très souvent « en villégiature » sur leur île privée.

LE SHOWCASE

Chaque année, l'Université de Technologie de San Fransokyo accueille ses nouveaux arrivants en organisant une grande bataille de cerveaux : le Showcase. Cet événement attire les plus grands scientifiques, mais aussi des industriels qui cherchent à voler quelques idées.

QUE LE SPECTACLE COMMENCE !

Derrière l'aura clinquante des inventions folles, il faut une organisation méticuleuse. Les concurrents ont un espace rigoureusement contrôlé, pour leur permettre d'exposer leurs œuvres. Les meilleurs candidats se voient offrir par les juges une place à l'UTSF.

LE SAIS-TU ?

Le Showcase est un événement mondialement connu, où les étudiants concurrents présentent des découvertes qui peuvent changer le cours de l'Histoire.

Le Salon

Le centre névralgique du Showcase se tient au Salon. Dans un décor traditionnel, c'est une véritable explosion de créativité et d'inventivité qui s'y déroule.

LES MICRO-ROBOTS DE HIRO

Lorsque Hiro montre son micro-robot pour la première fois au Showcase, le public ne réagit pas. Il ne voit qu'un minuscule robot. Puis, un événement étonnant se produit. Des milliers de micro-robots se réunissent pour construire une tour, une main gigantesque et même une paire de jambes géantes. Cette invention pourrait changer le monde pour toujours !

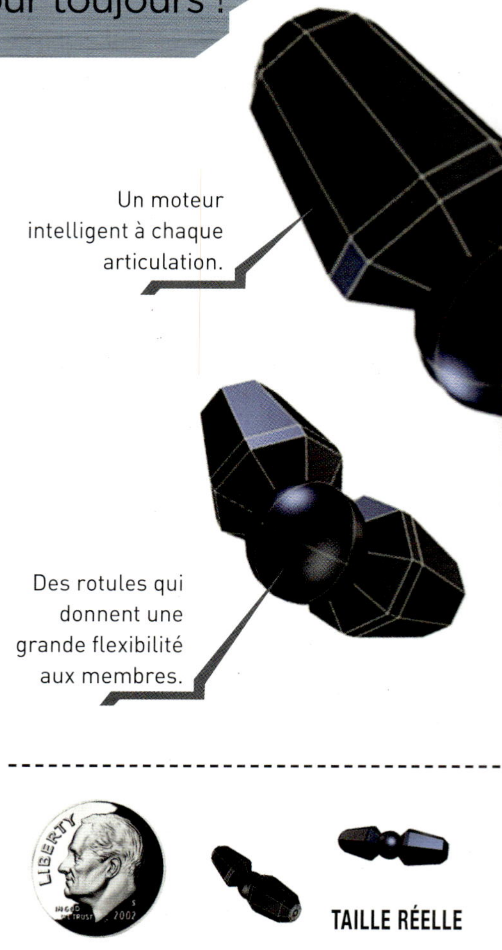

Le maître des micro-robots

Hiro porte un émetteur cérébral. Grâce à cette extraordinaire invention, il contrôle ses micro-robots par la seule force de la pensée.

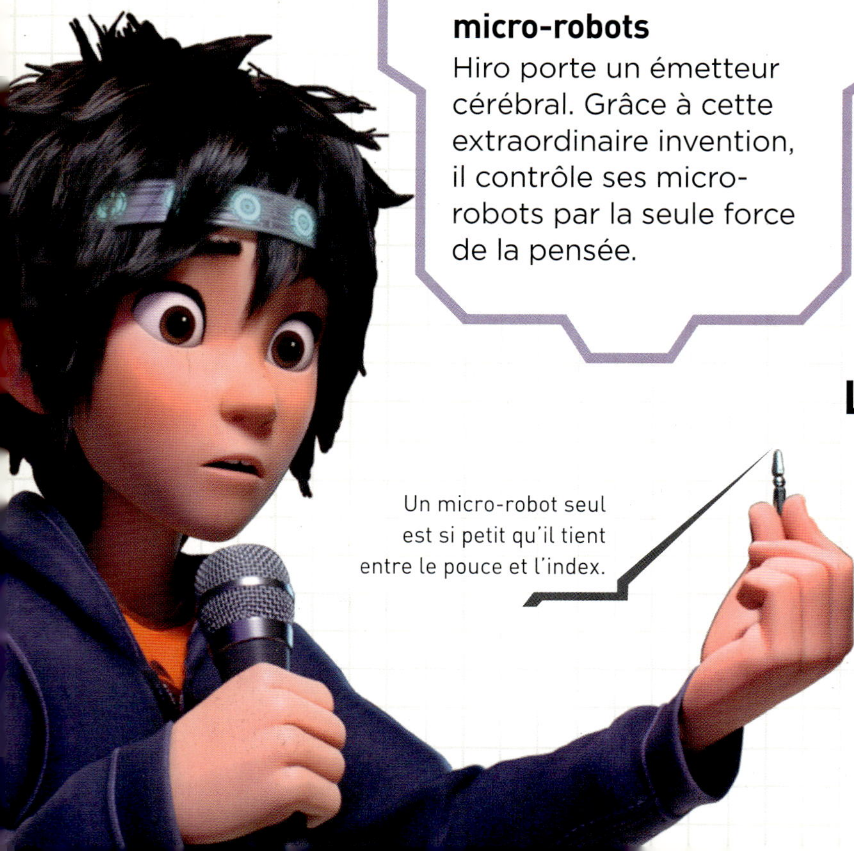

LE PLUS PUISSANT DES OUTILS

Les micro-robots peuvent bâtir en quelques minutes un ouvrage que la main de l'Homme mettrait des mois à construire. Un outil très utile, qui, entre des mains malfaisantes peut se changer en arme redoutable.

KREI TECH INDUSTRIES

LES MICRO-ROBOTS VUS DE TRÈS PRÈS !

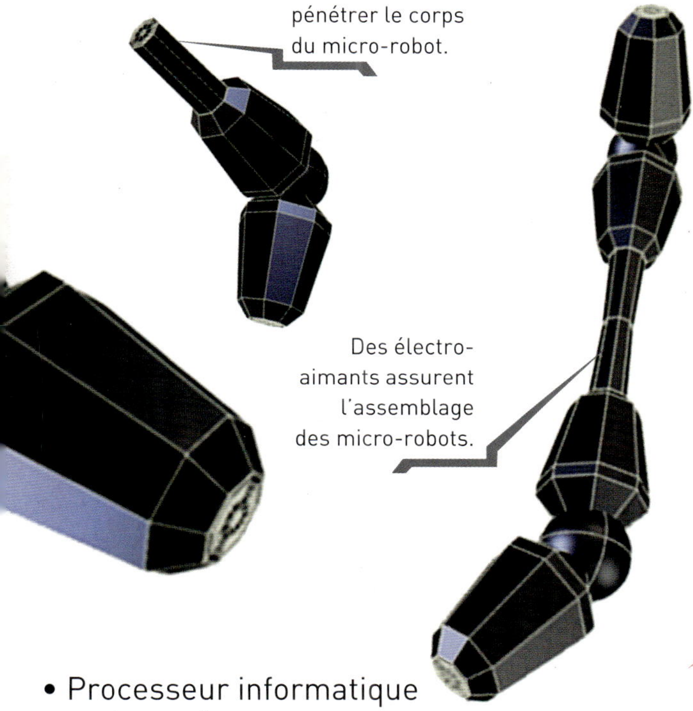

- Processeur informatique embarqué.
- Une multitude de formes préprogrammées.
- Coque ultra légère en fibre de carbone.
- Connections Mag-Power.

Une offre généreuse ?

Alistair Krei, PDG de Krei Tech, est impressionné par l'invention de Hiro. Le milliardaire propose au jeune garçon de lui acheter son micro-robot, mais Hiro décline son offre.

« LES APPLICATIONS DE CETTE INVENTION SONT ILLIMITÉES. »

-HIRO

Un regard bienveillant

Le professeur Callaghan est l'un des juges au Showcase. Quand Callaghan lui propose une place à l'UTSF, Hiro est fou de joie.

DEUIL ET CHAGRIN

Alors qu'il vient d'apprendre son admission à l'Université, la vie de Hiro tourne au cauchemar. Un incendie se déclare mystérieusement à l'intérieur du Showcase. Tadashi se précipite à l'intérieur de l'immeuble en flammes pour secourir le professeur Callaghan.

1 Le Showcase en flammes !

Hiro supplie Tadashi de rester, mais son frère intrépide disparaît dans l'immeuble en flammes. Hiro n'a pas le temps de réagir. Une violente explosion se produit. Tout ce que Hiro garde de son frère, c'est sa casquette préférée.

2 Hommages

À l'Université, un sanctuaire est dressé à la mémoire de Tadashi et de Callaghan, emportés par le souffle de l'explosion. Les étudiants y déposent spontanément des fleurs et y allument des bougies.

3 Un triste jour

C'est dans une profonde tristesse que tous les amis de Tadashi se réunissent pour célébrer ses funérailles. Se sentir proches les uns des autres les aide à surmonter leur immense chagrin.

4 Seul

Comment imaginer l'avenir sans Tadashi ? Le grand frère de Hiro a toujours été là, près de lui. Hiro sombre dans une grande solitude. Il rate sa rentrée à l'Université. Il est loin d'imaginer que sa vie va bientôt devenir plus douce.

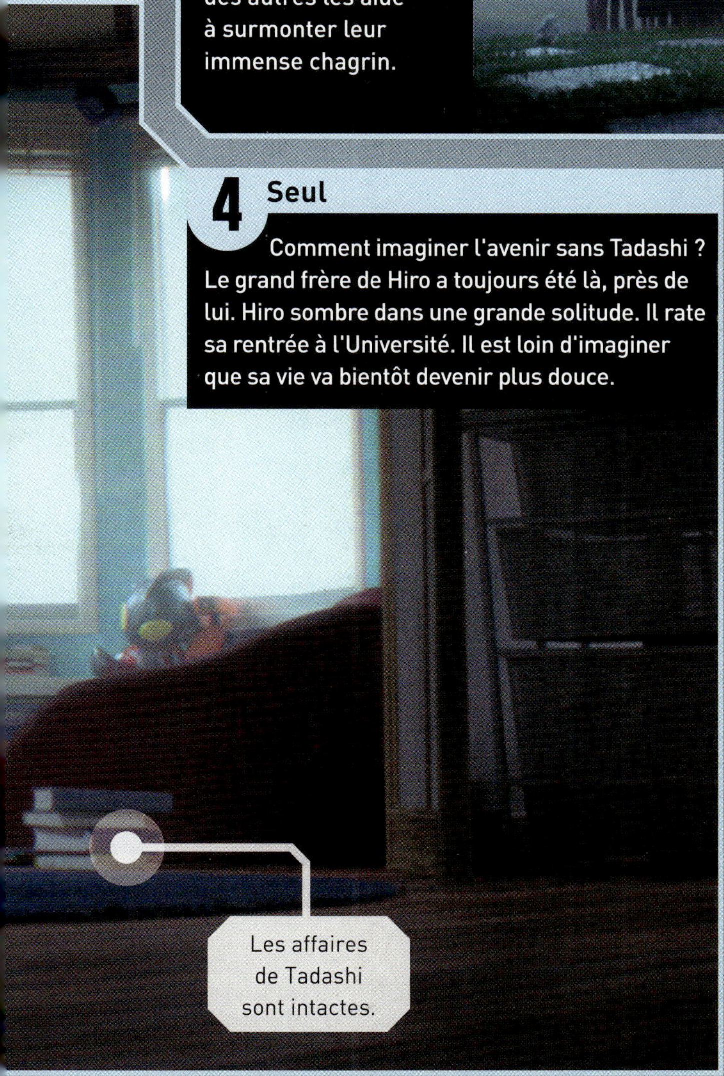

Les affaires de Tadashi sont intactes.

« TU NOUS MANQUES, MON POTE. »

–WASABI

5 Les proches se réunissent

Tante Cassie ferme son café. Elle invite les amis de Tadashi pour partager leurs souvenirs de lui. Lemon, Wasabi, Fred et Go Go font de leur mieux pour aider Cassie et Hiro à surmonter leur deuil.

BAYMAX EST DE RETOUR !

Après la mort de son frère, Hiro sombre dans une dépression. Il se retranche dans sa chambre, mange à peine. Il ne prend pas la peine de répondre aux lettres de l'Université. Mais une main secourable se manifeste, inattendue…

1 Un fol espoir

Hiro croyait que sa vie ne pouvait pas tomber plus bas.
C'est alors qu'il fait la douloureuse expérience de s'écraser l'orteil contre un meuble. Il saisit son gros orteil, et saute à cloche-pied en hurlant de douleur.

2 Votre appel a été entendu

Hiro entend le son d'un objet qui se gonfle. C'est Baymax, l'assistant de santé personnel conçu par son frère ! L'expression de sa douleur a activé le robot.

Hiro ne touche plus à ses livres de robotique.

3 Patient à suivre

Hiro n'est pas d'humeur à engager la conversation avec un robot. Il essaye de convaincre Baymax qu'il va bien, sans succès. Le robot a scanné son patient : son cas est sérieux.

4 Diagnostic surprise

Baymax détecte un haut niveau d'hormones, en Hiro. Le symptôme : sautes d'humeur fréquentes à l'adolescence. Peu impressionné par le diagnostic, le garçon essaye de forcer Baymax à retourner dans sa valise.

5 Il y a quelqu'un qui pleure ?

Baymax demande à Hiro de décrire sa douleur, en utilisant une échelle conçue par Tadashi. Malgré les protestations de Hiro, il n'abandonnera pas un patient avant que son traitement ait porté ses fruits.

« SUR UNE ÉCHELLE DE UN À DIX, COMMENT DÉCRIRIEZ-VOUS VOTRE DOULEUR ? »

-BAYMAX

LA VISION DE BAYMAX

Baymax est un assistant de santé personnel et une création extraordinaire. Sa vision du monde est… unique au monde. Ses yeux, munis de caméras multispectres, envoient des séries complexes de données à l'unité cérébrale, qui projette un schéma synthétique du cas à traiter sur un écran interne.

Les lentilles des caméras multispectres récoltent des données qui ne sont pas perceptibles par l'œil humain, comme la température extérieure et le taux d'oxygène dans le sang.

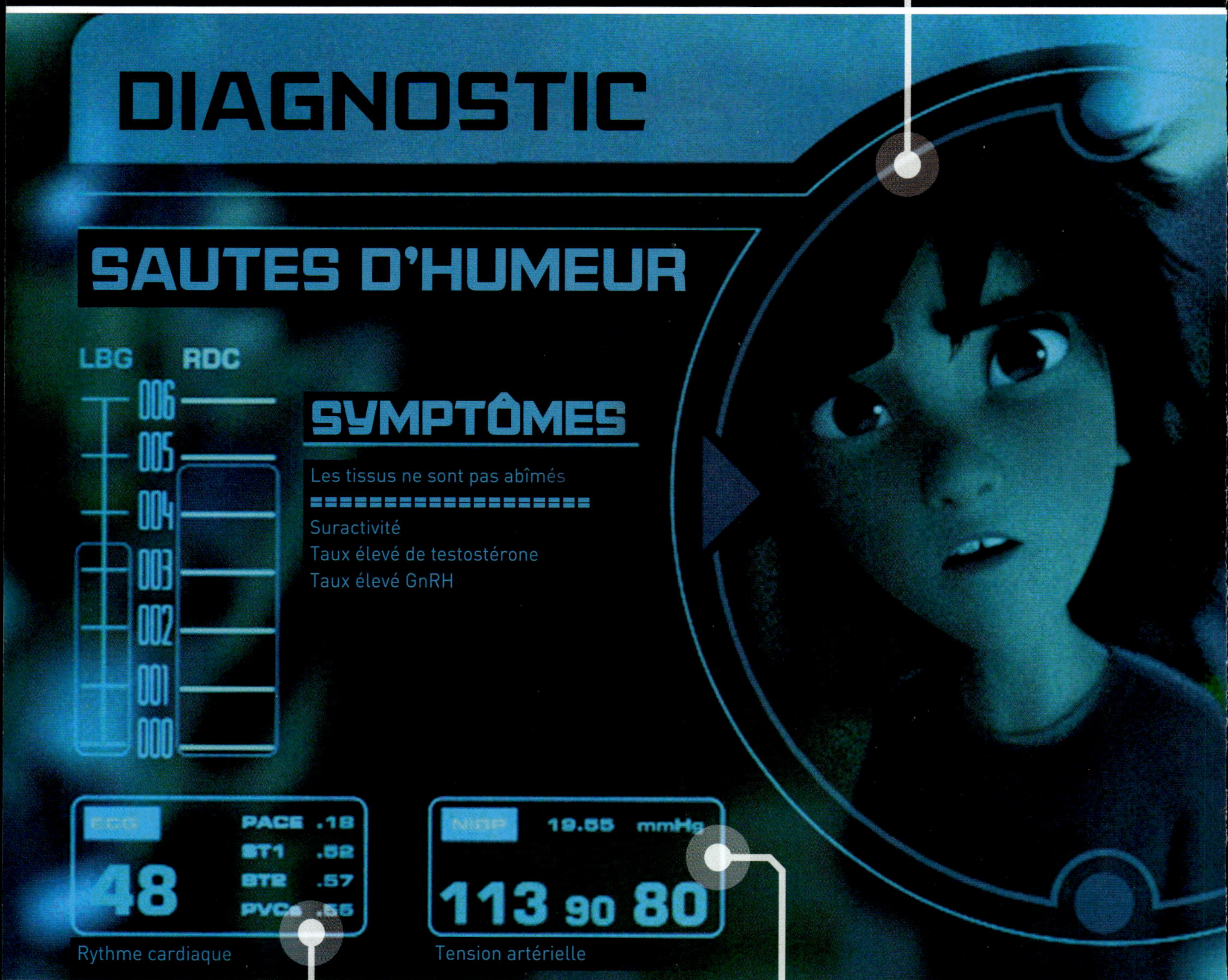

Électrocardiogramme
Analyse les influx électriques dans le cœur pour observer son activité.

Pression artérielle
Mesure la concentration du sang et sa fluidité dans le corps.

LE MODE D'EMPLOI EST FOURNI

Les patients de Baymax ont accès à des explications claires de leur cas. Le robot utilise son corps de vinyle comme écran, pour y projeter le résultat de ses observations. Les zones sensibles sont désignées par des taches de couleur.

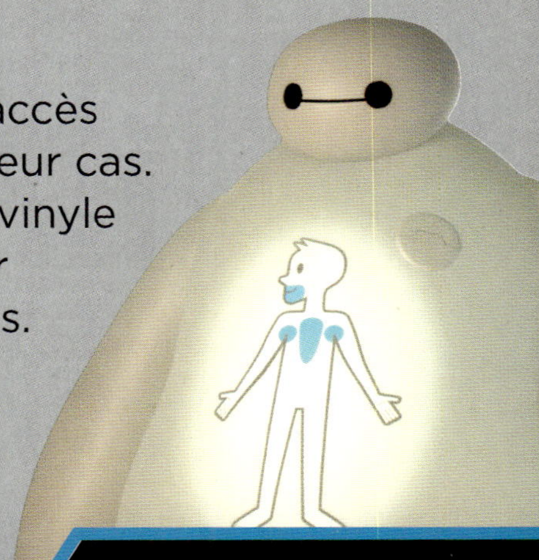

Un bilan neurologique
Les influx électriques du cerveau témoignent du fonctionnement des impulsions motrices et des émotions.

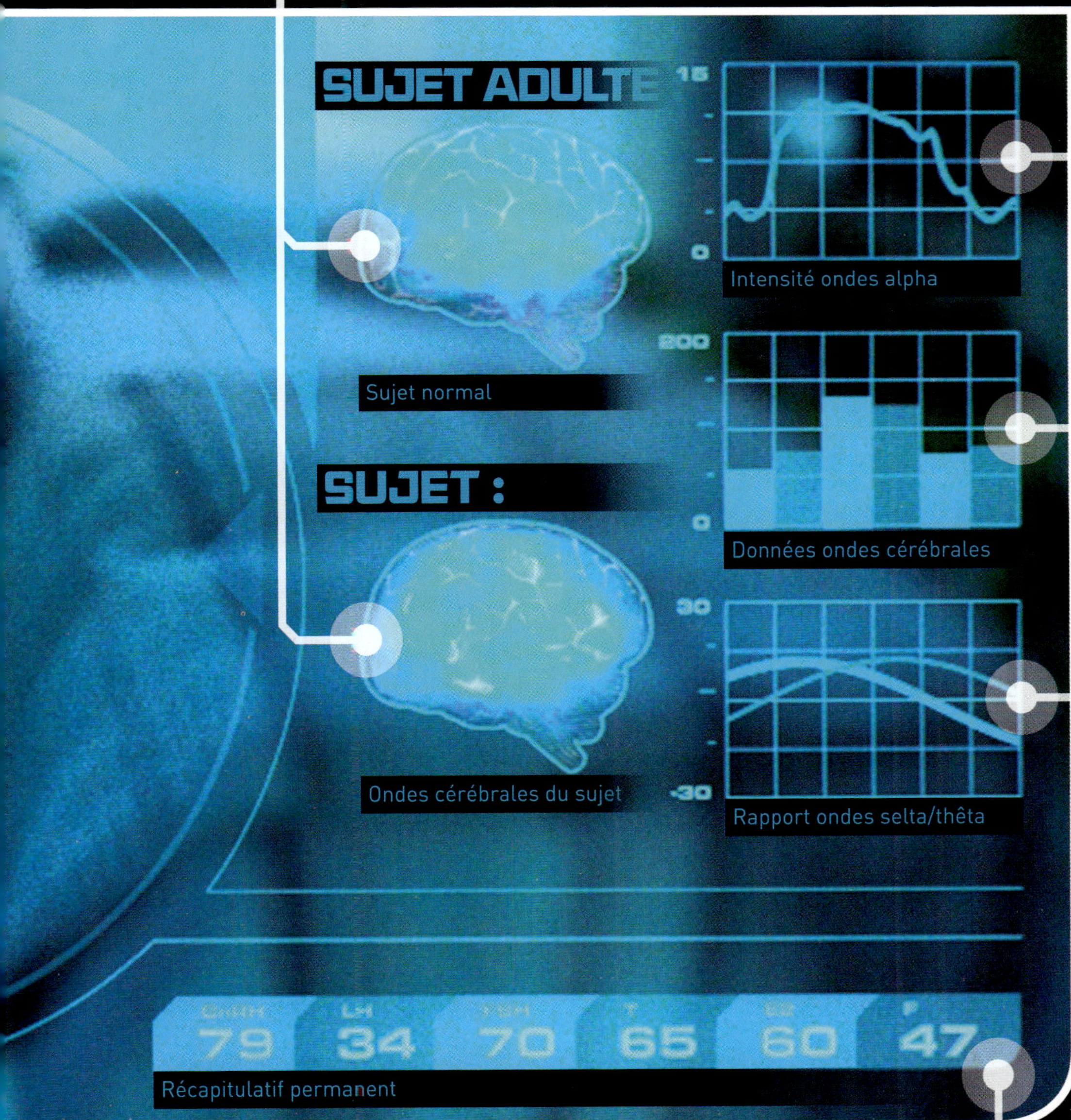

Bilan cérébral
Les données de l'activité cérébrale sont croisées à l'aide de schémas simples à décoder.

Signes vitaux
Baymax est capable de croiser une quantité impressionnante de données et d'en tirer une analyse qui lui permettra de guérir Hiro.

LES MICRO-ROBOTS ATTAQUENT !

Après l'incendie de l'Université, Hiro ne s'attendait pas à revoir un jour ses micro-robots, et surtout pas à devoir affronter une armée entière ! Une découverte terrible, due à une aventure bizarre avec Baymax, qui ne cherche qu'à le soigner !

1 Une découverte inattendue

En essayant d'attraper Baymax, Hiro tombe par terre et remarque un détail étrange. Il y a quelque chose qui vibre sous son lit ! C'est un micro-robot qu'il a oublié dans sa poche...

« ON S'EN VA D'ICI ! VITE ! »

-HIRO

2 Un robot dans la ville

Sans le vouloir, Hiro envoie Baymax en mission, en se demandant tout haut où son micro-robot cherche à aller. Baymax le prend au mot. Il suit le micro-robot à travers la ville, pendant que Hiro le cherche désespérément.

3 L'usine désaffectée

La quête de Baymax le mène à de vieux entrepôts apparemment abandonnés. Quand Hiro le rejoint, il constate que les portes sont verrouillées. Baymax se faufile par une fenêtre ouverte. Il faut qu'il se dégonfle, mais ça passe !

4 Yokai !

Quand les deux intrus pénètrent dans les entrepôts, ils découvrent une machine qui produit de nouveaux micro-robots par milliers. Sous contrôle d'un sinistre personnage masqué, l'armée des micro-robots attaque. Hiro et Baymax s'enfuient pour sauver leur vie !

5 Aucune aide

Quand Hiro se rend au poste de police pour raconter qu'une horde de micro-robots pilotés par un vilain masqué vient de l'attaquer... on ne le croit pas ! S'il veut résoudre ce mystère, Hiro devra le faire tout seul.

YOKAI

Ce super-vilain particulièrement sinistre se cache sous un masque effrayant. Hiro comprend que c'est certainement Yokai qui a déclenché l'incendie au Showcase pour voler ses micro-robots. Mais dans quel but ? Qui est-il ?

DE NOIRS DESSEINS

Au Showcase de l'Université, Hiro a démontré que les capacités de ses micro-robots sont sans limites. Maintenant qu'ils sont aux mains d'un ennemi, qui sait quel usage nocif celui-ci veut en faire ? Une chose est sûre : Yokai écrasera quiconque se dressera sur son passage !

La menace masquée
Yokai porte un masque traditionnel de théâtre nô japonais. Les lignes rouges sont le symbole de la colère.

Des gants en fibre de carbone.

Un nouveau maître
Yokai a placé un émetteur cérébral dans son masque qui lui permet de contrôler les micro-robots de Hiro. Il les transforme en armes mortelles.

LE SAIS-TU ?

Yôkai **est un mot de japonais ancien, qui signifie « fantôme » ou « méchant ».**

VEILLÉE D'ARMES

Hiro est choqué d'apprendre qu'on a volé son invention pour construire une armée de micro-robots. Ce « on » est celui qui a déclenché l'incendie mortel pour couvrir les traces de son vol. Hiro vient de poser un pied sur le dangereux sentier de la vengeance...

1 Évoluer pour survivre

Hiro a décidé de prendre son ennemi de vitesse. Mais il a besoin de solides renforts.
Il faut perfectionner Baymax. Hiro modifie sa carte mère pour lui inculquer quelques prises de karaté. Le gentil robot a besoin de se renforcer un peu. Hiro conçoit pour lui une armure résistante.

2 Karaté-bot

Il est temps d'essayer l'armure et la carte mère de Baymax. Hiro a programmé le coup de poing vertical, la main-sabre, le coup de pied latéral et la frappe arrière. Grâce à son armure indestructible, Baymax casse des briques sans effort !

3 Retour à l'usine

Hiro se sent prêt à affronter son ennemi. De retour à la cachette du méchant, Baymax ouvre la porte d'un coup de pied... Mais les entrepôts sont déserts. Le micro-robot de Hiro a l'air de vouloir aller dans un autre endroit. Alors, les deux limiers suivent la piste indiquée par le robot sautillant.

« C'EST LE MOMENT D'UTILISER TES NOUVELLES FONCTIONS. »

–HIRO

Hiro reste en retrait, le temps que Baymax enfonce la porte des entrepôts.

4 Sur les quais

La piste mène les deux enquêteurs sur le front de mer. Au détour d'un conteneur, ils découvrent leur ennemi, en train de déplacer un équipement étrange et volumineux, avec l'aide des micro-robots. Qu'a-t-il en tête ? Avant que Hiro trouve la solution, voilà que tous ses amis débarquent ! Ils commençaient à s'inquiéter pour lui, alors, ils l'ont suivi.

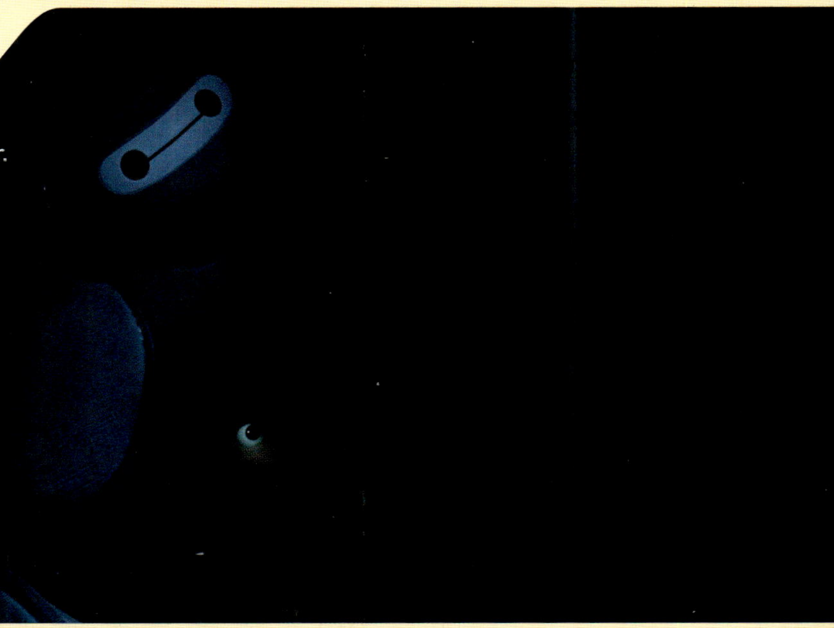

DU RIFIFI SUR LES QUAIS

Hiro a mené ses amis dans la gueule du loup, en cherchant à découvrir qui se servait de ses micro-robots. Quand il arrive sur les quais, il ne s'attend pas à voir débouler Fred, Go Go, Wasabi et Lemon. La bande ne va pas tarder à affronter un grand danger.

1 Yokai aux trousses !

Dès qu'il comprend qu'on l'espionne, Yokai lance ses micro-robots à l'attaque de la bande ! Hiro est prêt à lui tenir tête, mais quand Yokai jette un container vers lui, ses amis l'emmènent de force à l'abri. Yokai est décidé à éliminer tous les témoins.

2 Dans la baie

Wasabi panique quand Yokai réussit à rattraper sa voiture. Go Go prend le volant, mais Yokai glisse un tapis de micro-robots sous le véhicule pour le soulever. Puis il transforme le tapis en tunnel, et personne ne peut plus rien voir. La bande espère rouler vers la terre ferme, mais lorsque le tunnel s'ouvre, elle plonge dans la baie !

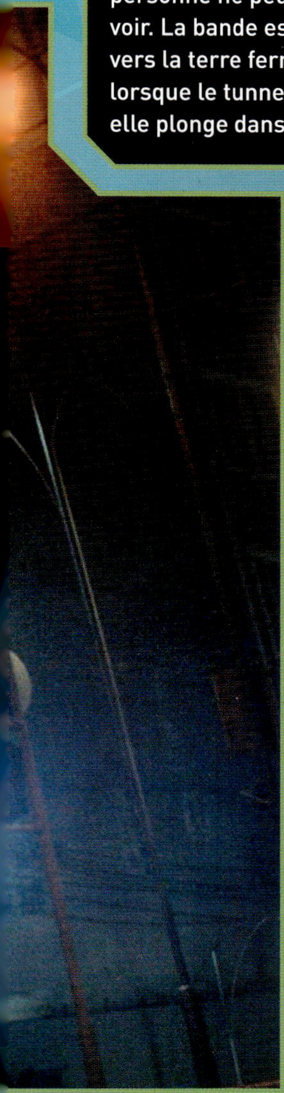

3 Sans issue ?

Ça sent le roussi ! Les voilà coincés dans la voiture, l'eau s'infiltre à l'intérieur, et monte... Quand la voiture touche le fond, Yokai est vraiment satisfait.

4 Baymax à la rescousse !

Tout espoir n'est pas perdu... Baymax se sépare de son armure et retourne à sa forme gonflable. Il se gonfle comme il ne s'est jamais gonflé et monte à la surface, emportant toute la bande avec lui. Ils sont tous en vie, mais Baymax constate que ses patients ont des températures trop basses et souffrent d'un traumatisme post-rencontre-avec-un-super-vilain.

« POURQUOI VEUX-TU NOUS TUER ? »

BAYMAX 2.0

Après ce premier affrontement avec Yokai et son issue malheureuse, Hiro comprend que Baymax a besoin d'être remotivé. Il s'inspire alors des super-héros dont Fred est fan. Baymax 2.0 a vraiment la classe ! Mais le robot préfère soigner les gens que les combattre.

À fond !

Hiro a une solide expérience en matière de robots de combat. Il l'exploite à fond, pour rendre Baymax encore plus fort. Il faut juste qu'il change d'échelle : du tout petit au très grand.

ベイマックス

VRAI OU FAUX ?

Les nouveaux propulseurs de Baymax sont situés dans ses jambes.

VRAI : Il n'y a pas de place pour les mettre ailleurs !

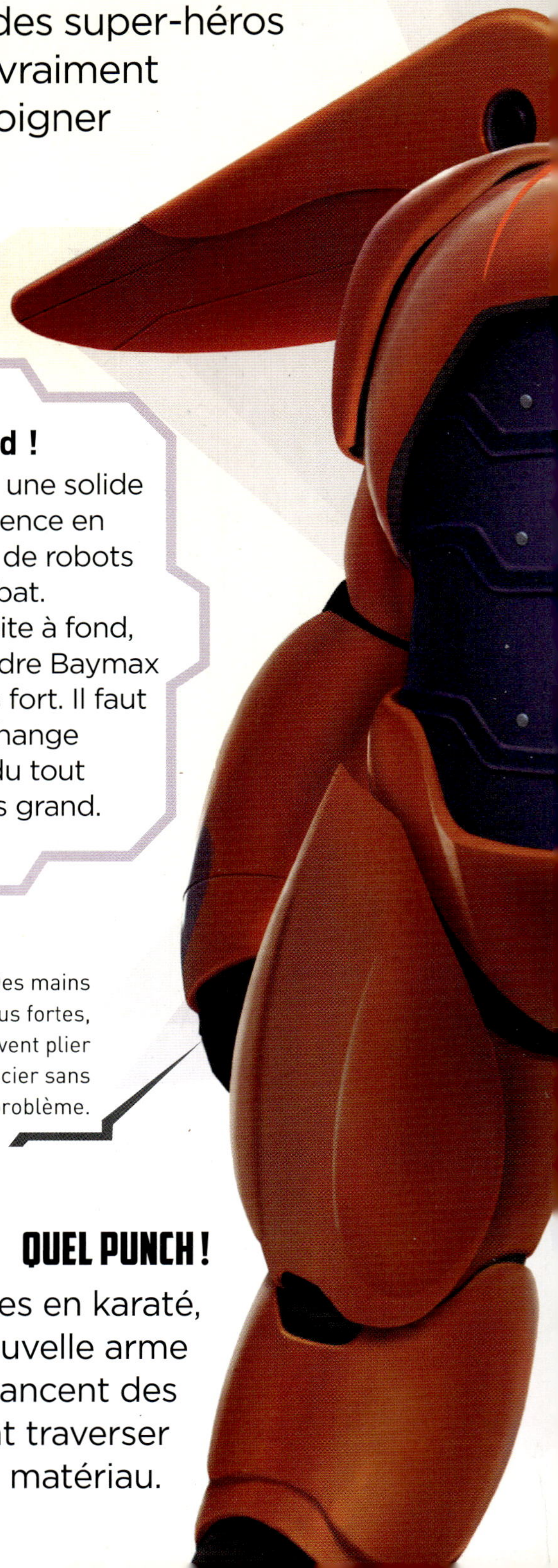

Des mains plus fortes, qui peuvent plier de l'acier sans problème.

QUEL PUNCH !

En plus de ses compétences en karaté, Baymax dispose d'une nouvelle arme formidable : ses poings lancent des missiles qui peuvent traverser n'importe quel matériau.

Objet volant survitaminé

Baymax est capable de voler, avec ses propulseurs et ses nouvelles ailes rétractables. Hiro est là pour l'aider à apprendre à se piloter tout seul.

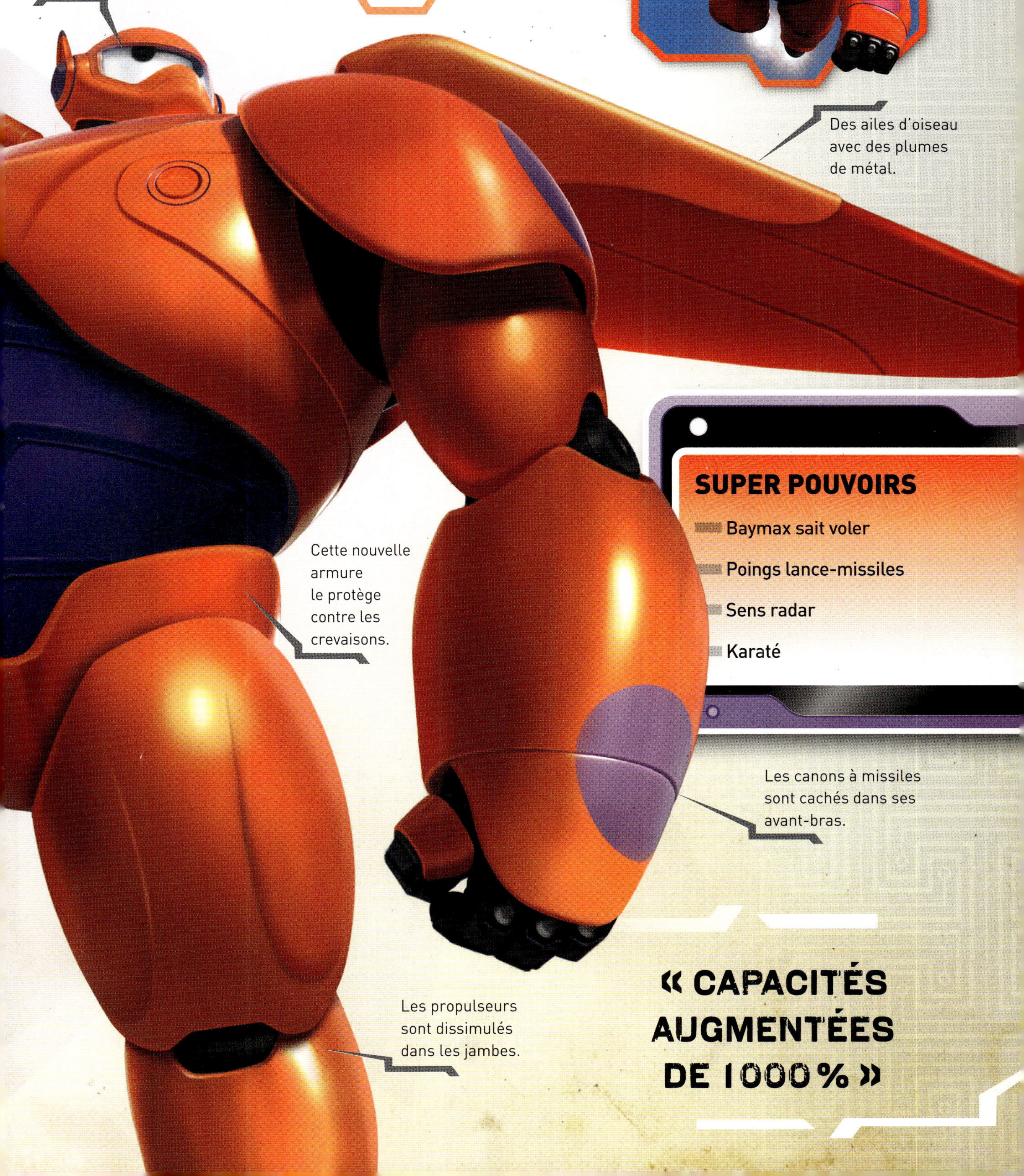

SUPER POUVOIRS

- Baymax sait voler
- Poings lance-missiles
- Sens radar
- Karaté

« CAPACITÉS AUGMENTÉES DE 1000 % »

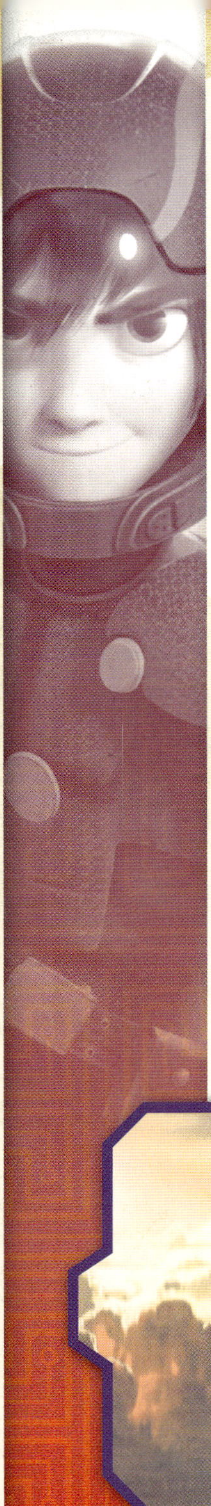

SUPER HIRO

C'est une bonne chose d'avoir construit Baymax 2.0. Mais ce ne sera pas suffisant pour affronter à nouveau Yokai. Hiro a décidé d'employer ses talents de roboticien pour transformer toute la bande en super-héros… à commencer par lui !

VRAI OU FAUX ?
Le costume de Hiro est équipé d'électroaimants.

VRAI : Hiro s'en sert pour s'attacher à Baymax.

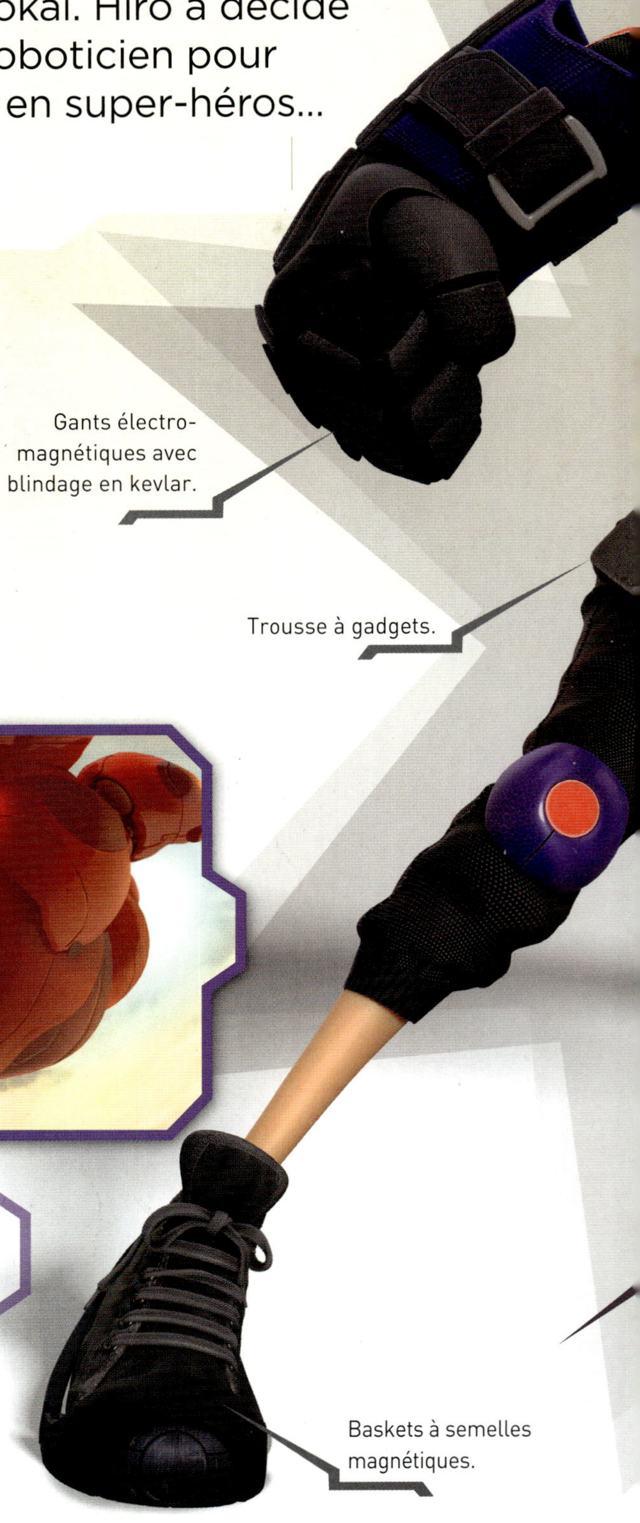

Troupes aéroportées
Quand Baymax passe en mode aérien, Hiro se fixe à son armure grâce à ses aimants. Ils ne font alors plus qu'un.

DEUX HÉROS VALENT MIEUX QU'UN

Contrairement aux autres membres du groupe, Hiro ne combat pas seul. Il forme un duo avec Baymax, comme les deux faces d'une même pièce. Il leur faudra s'entraîner ensemble, avant de s'accorder parfaitement, mais alors, ils formeront une équipe imbattable !

SUPER POUVOIRS

- Intelligence géniale
- Roboticien ultra doué
- Relation privilégiée avec Baymax
- Équipement multi-fonctions

« ON VA CHANGER LA DONNE. »

Un phénomène magnétique

Baymax peut voler à très grande vitesse. L'armure de Hiro est dotée d'aimants surpuissants pour bien rester fixée au robot pendant le vol.

SUPER GO GO

Déjà folle de vitesse avant de porter une armure, Go Go est née pour devenir une super-héroïne. Après quelques petites erreurs à grande vitesse, elle apprend vite à maîtriser son nouvel équipement, et intègre quelques figures étonnantes. Go Go ignore la peur et multiplie les cascades.

Le secret de la grande vitesse
Ces roues emploient la technologie expérimentale de la lévitation électromagnétique. Elles sont donc ultra rapides, et peuvent également servir de boucliers ou d'armes de jet.

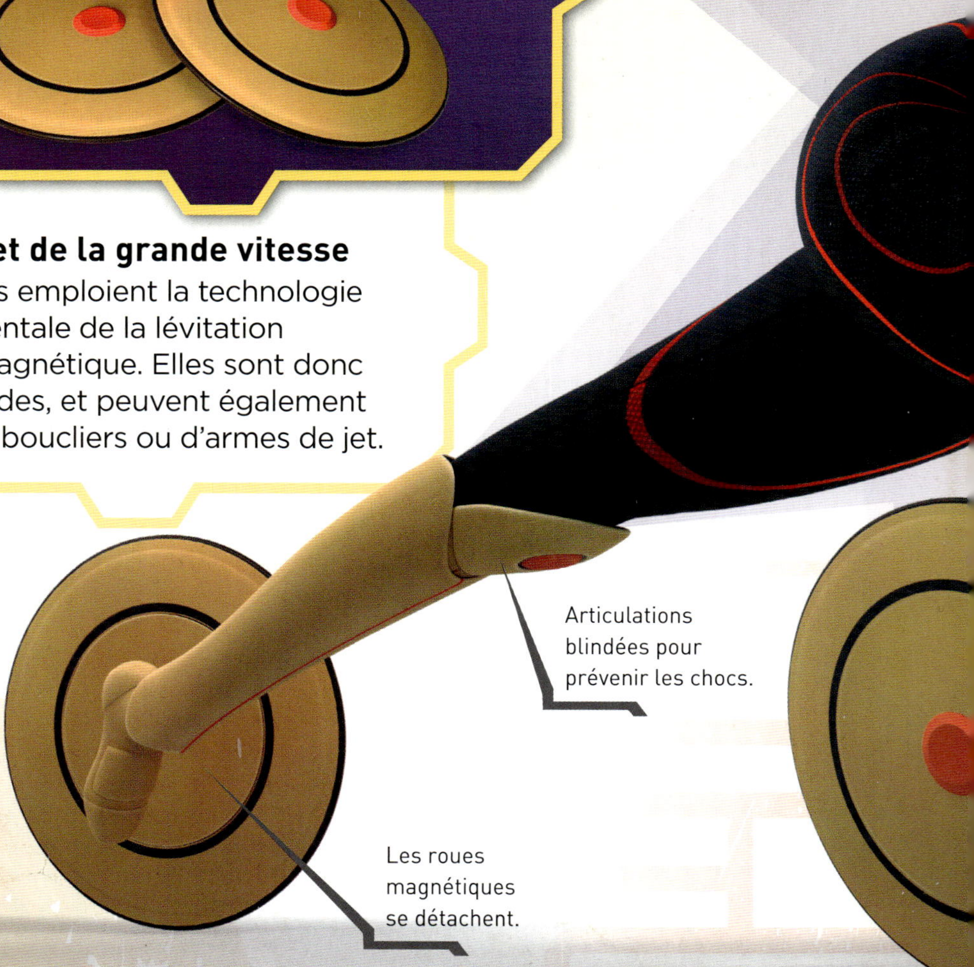

« ON ARRÊTE DE PLEURNICHER, LES FILLES EN AVANT ! »

Les ailettes de son casque aident Go Go à se diriger.

Ultra léger
Le costume de Go Go est le plus aérodynamique de tous. Il est conçu pour offrir le moins de résistance possible au vent. Le casque est bâti sur le modèle de ceux employés dans les sports olympiques.

SUPER POUVOIRS

- Vitesse et agilité
- Roues magnétiques détachables
- Cascades et figures à grande vitesse

VÉLOCE ET FÉROCE

Go Go prend les devants dans les moments clés. C'est elle qui fait comprendre à Hiro qu'il ne pourra pas affronter son ennemi seul, et qui remet Wasabi en selle quand il déraille. Elle sait calmer Hiro lorsque son désir de vengeance le met en danger.

VRAI OU FAUX ?
Le casque de Go Go s'inspire de celui d'un pilote.

FAUX : c'est un casque de cycliste.

SUPER WASABI

Wasabi a beau être le plus costaud de la bande, c'est surtout une boule de nerfs. Une ombre le fait sursauter. Ses gants lancent des rayons redoutables, mais il a un point faible : il déteste quand on dérange ses affaires.

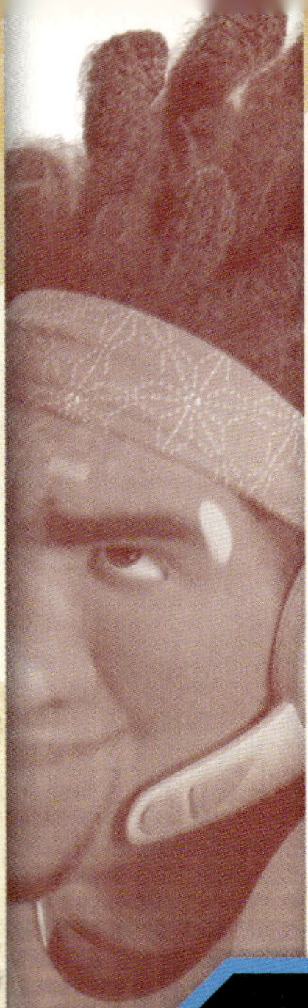

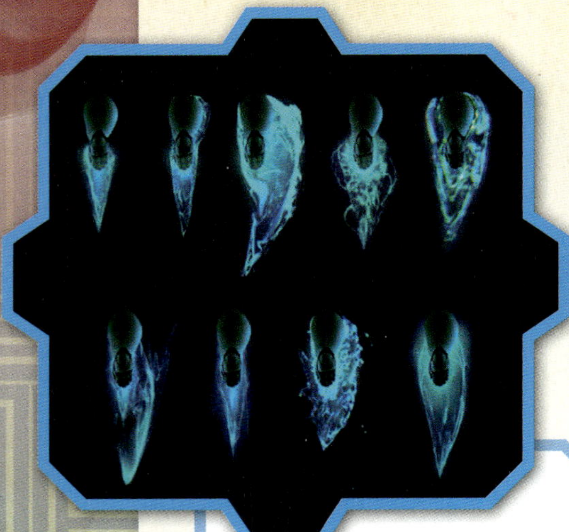

Gants laser
Le plasma très chaud produit par les gants de Wasabi peut prendre différentes formes. Ces gants laser détruisent tous types de matériaux.

VRAI OU FAUX ?
C'est pour se protéger le crâne que Wasabi porte un bandana.

FAUX : il le porte... pour le swag.

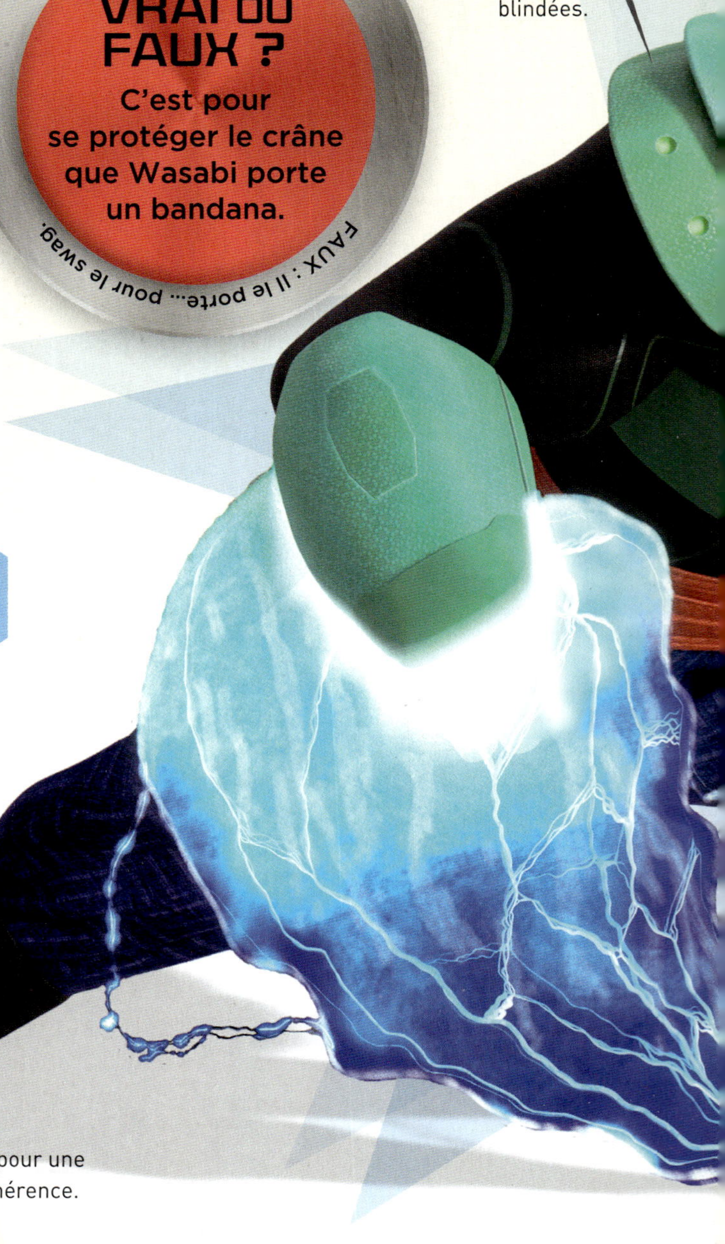

ワサビ

« NOUS SOMMES DES FOUS DE SCIENCE, PAS DES SUPER-HÉROS. »

Une armure impeccable
Avec son armure style samouraï, Wasabi se protège contre ses propres armes. Il porte un casque à émetteur pour communiquer avec les autres, et un bandana... parce que c'est cool.

UN GUERRIER ANGOISSÉ

Wasabi impressionne par sa carrure. Les gens voient en lui un vrai dur. Mais le danger peut le rendre fou, quand il le prend au dépourvu. Très méthodique, il aime pouvoir compter sur un plan d'attaque.

SUPER POUVOIRS

- Physicien génial
- Sabres laser
- Peut trancher du fer
- Organisateur hors pair

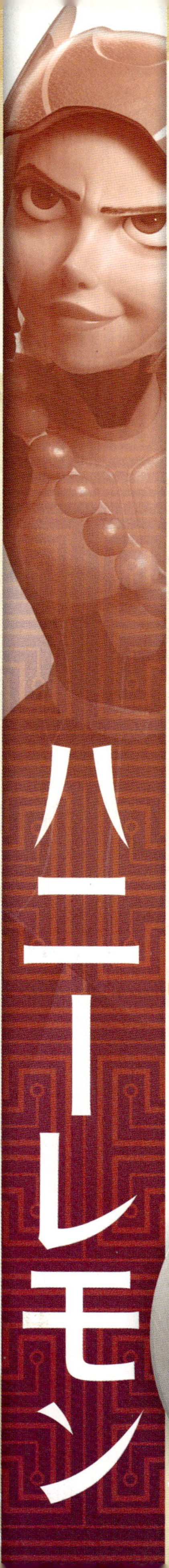

SUPER LEMON

Toujours de bonne humeur en temps normal, Lemon se transforme en une tornade de joie dès qu'elle se met en mode super-héroïne. Son costume flashy reflète l'énergie positive qu'elle insuffle au groupe. Quant à sa panoplie de capsules chimiques, elles surprennent souvent pour ses ennemis.

Sac à main mortel
La sangle du sac à main de Honey est couverte de capsules vides. Elles traversent un mini-labo de chimie, où elles sont remplies automatiquement de cocktails détonants ! Les voilà prêtes à l'emploi.

ACCRO AU DANGER

On dirait que Lemon adore flirter avec le danger. Heureusement, elle dispose d'armes chimiques de sa fabrication : des produits volatiles aux effets ahurissants. Parmi ses capsules magiques, on trouve un produit gelant, un filet instantané et un bouclier de ciment. Elle peut aussi piéger ses ennemis avec une super glu !

VRAI OU FAUX ?
Lemon n'aime pas les situations dangereuses.

FAUX : elle les adore !

SUPER POUVOIRS

- Chimiste géniale
- Un arsenal de capsules chimiques
- Casque avec viseur sélectif intégré
- Ne manque jamais sa cible

Légère mais… redoutable !
Le costume de Lemon est celui qui porte le moins d'armatures, pour lui permettre de rester légère et mobile au combat. Les manches et les collants lui offrent une protection contre les projections de produits chimiques.

« WOAH ! C'ÉTAIT **GÉNIAL** ! »

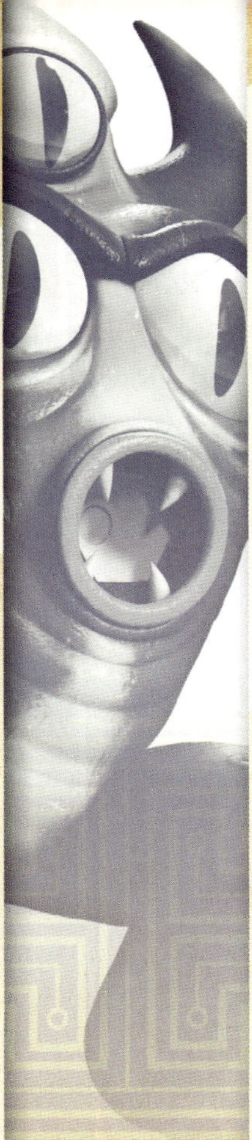

フレッド

SUPER FRED

Quant à Fred, il est né pour devenir un super-héros ! Il trouve même que c'est cool d'être attaqué par un super-vilain. Son rêve est enfin devenu réalité, il passe son temps à parler comme un héros de bande dessinée. Fred est un héros tourmenté, en proie à ses démons.

Dans le ventre de la bête
Le costume de Fred dissimule un lance-flammes sophistiqué, accroché à sa poitrine.

LA BÊTE

Fred adore les films de monstres japonais. Le look de son personnage a pour but de terrifier l'ennemi. Cornes, ailerons, griffes, coquilles... il a l'air d'en faire un peu trop. Mais ce costume lui va comme un gant. C'est une seconde peau pour lui.

« L'ÈRE DE FRED EST VENUE ! »

Ces trois yeux lui permettent de voir la nuit.

SUPER POUVOIRS

- Super-sauts
- Cracher du feu
- Écran de fumée
- Peut servir de panneau

Des flammes assez chaudes pour faire fondre l'acier.

Des griffes en fibre de carbone offrent un grip d'enfer.

Toutes sortes de flammes

Fred a le contrôle de son lance-flammes, ce qui lui permet d'adapter son arme à la situation. Supernova, boules de feu, super grill sont quelques-unes des options dont il dispose.

VRAI OU FAUX ?

Le costume de Fred lui permet d'atteindre des hauteurs.

VRAI : Le grand plaisir de Fred, c'est de faire un super-bond pour atterrir au milieu de la bataille.

La faute de Krei

Durant les tests, les techniciens ont mis en évidence des failles dans les champs de force. Mais Krei a trouvé que le risque était minime. Il ordonne de lancer la mission en dépit du danger.

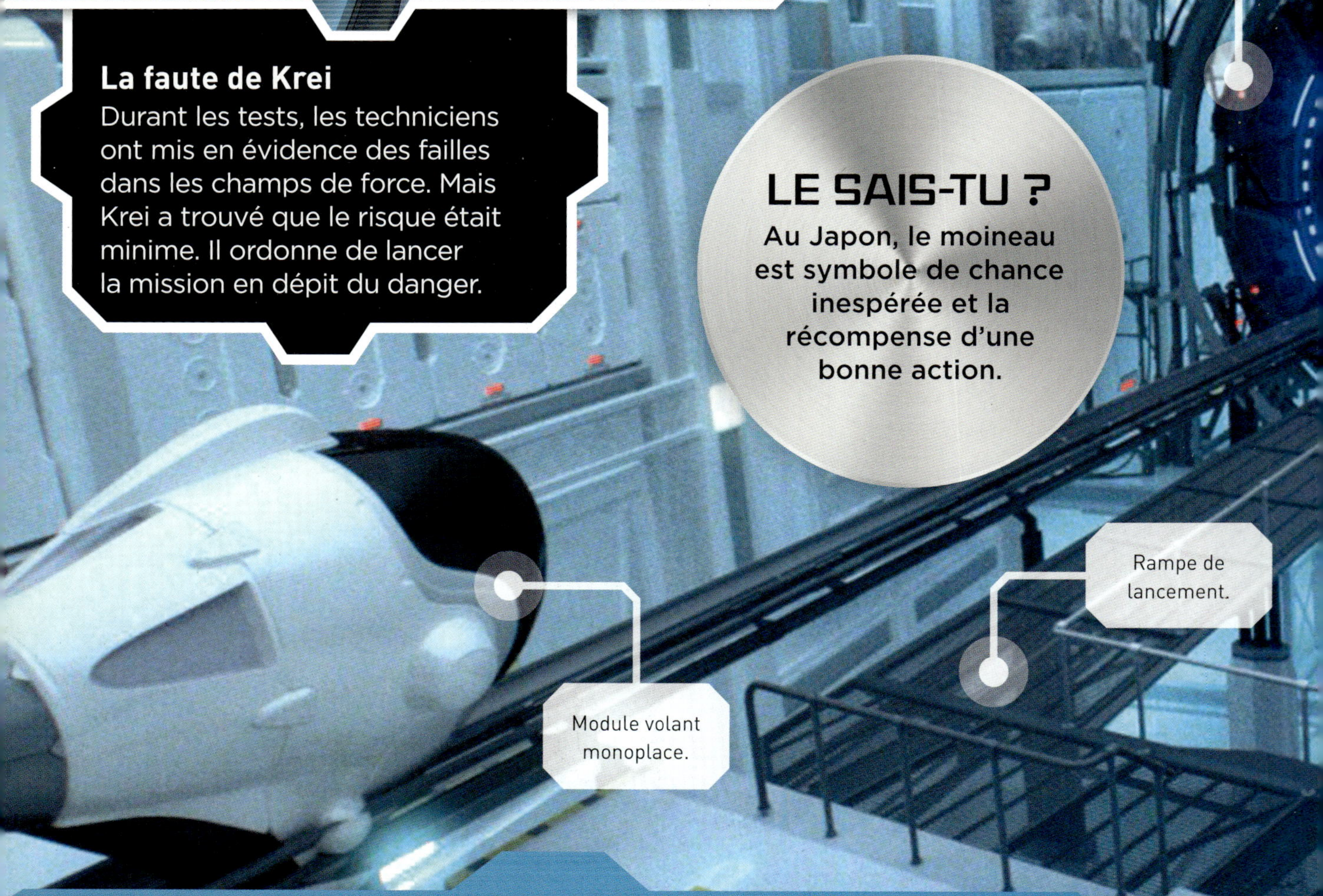

LE SAIS-TU ?

Au Japon, le moineau est symbole de chance inespérée et la récompense d'une bonne action.

L'ÎLE D'AKUMA

À la limite des eaux territoriales de San Fransokyo, se trouve une base d'essais secrète qui appartient à Krei Tech. Le projet « Moineau Silencieux » a englouti des millions de dollars. Il poursuit un rêve scientifique : la téléportation.

LE PROJET « MOINEAU SILENCIEUX »

La technologie à la base de ce fabuleux complexe n'est accessible qu'à de rares élus. Les deux tunnels sont des portes susceptibles d'ouvrir l'accès à une dimension inconnue. Une technologie qui n'a pas encore été expérimentée... la catastrophe menace.

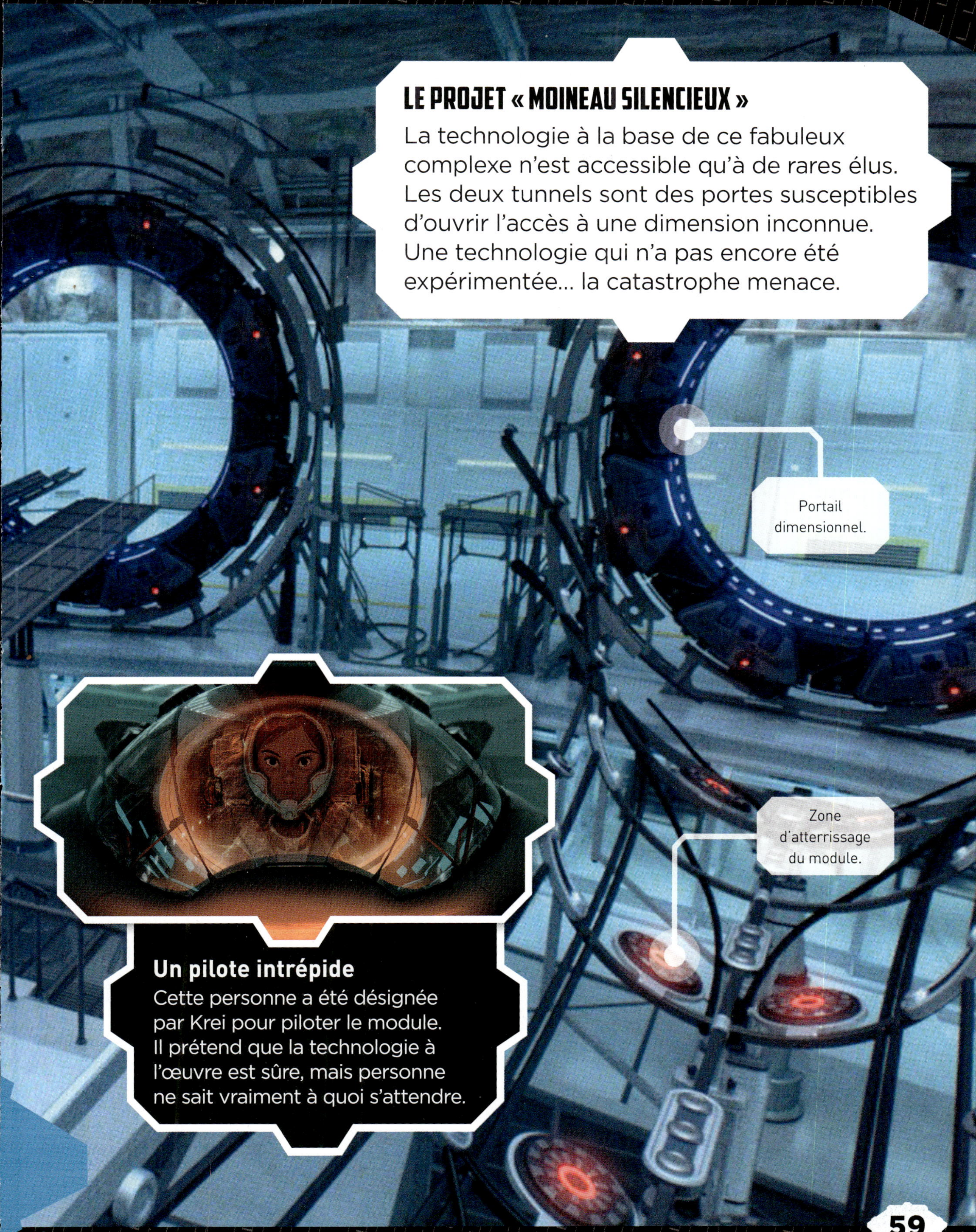

Un pilote intrépide

Cette personne a été désignée par Krei pour piloter le module. Il prétend que la technologie à l'œuvre est sûre, mais personne ne sait vraiment à quoi s'attendre.

À L'ATTAQUE !

L'heure de vérité a sonné pour la bande. C'est une chose de se déguiser en super-héros mais se lancer à la poursuite d'un vilain surpuissant en est une autre ! Grâce à Baymax, qui a localisé Yokai sur l'île d'Akuma, face aux portails dimensionnels, l'équipe est au pied du mur. Plus moyen de retourner en arrière…

AFFRONTEMENTS AU PIED DES PORTAILS

À son arrivée, la fine équipe trouve le labo d'Akuma complètement dévasté ! Le projet « Moineau Silencieux » a été un fiasco. Le pilote est perdu au-delà du portail ! Yokai tend une embuscade à l'équipe, qui riposte avec toute la puissance de ses nouvelles armes ! Hiro réussit à arracher le masque de Yokai, mais le vilain s'enfuit, en emportant les derniers morceaux du portail…

Frappée par un tir allié

Go Go s'élance dans le feu de l'action, mais elle dérape sur une nappe de glace due aux produits chimiques de Lemon. Ces fortes têtes vont devoir apprendre à travailler en équipe !

Bataille de monstres
Fred emploie ses super-sauts et son souffle brûlant pour tenter de griller le méchant. Mais les vrais ennemis sont encore pires que ceux qu'on rencontre dans les bandes dessinées !

L'AFFRONTEMENT FINAL

Quand Hiro arrache le masque de Yokai, il est stupéfait d'apprendre son identité, il s'agit de quelqu'un qu'il n'aurait jamais cru être capable de passer du côté des méchants ! La bande va devoir se concentrer pour affronter son ennemi dans un combat décisif.

« On n'était certainement pas faits pour devenir des super-héros. Mais la vie est pleine d'imprévus ! Mon frère voulait aider les gens. Eh bien, c'est ce qu'on est en train de faire. Nous...

… LES NOUVEAUX HÉROS ! »

DK

LONDON, NEW YORK,
MELBOURNE, MUNICH, AND DELHI

Traduction de Nicolas Jaillet
Titre original : *The Essential Guide Big Hero Six*

Fabriqué par Dorling Kindersley Limited,
80 Strand, London WC2R 0RL
A Penguin Random House Company

Importé par Hachette Livre - 43 quai de Grenelle, 75905 Paris Cedex 15
Imprimé en Chine - Achevé d'imprimer : janvier 2015
ISBN : 978-2-01-400813-5 - Édition : 01 - Dépôt légal : janvier 2015
Loi n°49-956 du 16 juillet 1949 sur les publications destinées à la jeunesse.

Pour tout renseignement concernant nos parutions,
nous contacter par téléphone au 01 43 92 38 88
ou par e-mail : disney@hachette-livre.fr

ヒロ
フレッド
ベイマックス
ゴーゴートマゴ
ワサビ
ハニーレモン